中华人民共和国
密码法

中国法制出版社

中华人民共和国密码法

ZHONGHUA RENMIN GONGHEGUO MIMA FA

经销/新华书店

印刷/北京海纳百川印刷有限公司

开本/850 毫米×1168 毫米 32 开　　印张/0.75　字数/9 千

版次/2019 年 10 月第 1 版　　2022 年 4 月第 6 次印刷

中国法制出版社出版

书号 ISBN 978-7-5216-0628-7　　定价：5.00 元

北京西单横二条 2 号

邮政编码 100031　　传真：010-66031119

网址：http：//www.zgfzs.com　　编辑部电话：010-66080537

市场营销部电话：010-66033393　　邮购部电话：010-66033288

（如有印装质量问题，请与本社印务部联系调换。电话：010-66032926）

目　　录

中华人民共和国主席令

第三十五号

《中华人民共和国密码法》已由中华人民共和国第十三届全国人民代表大会常务委员会第十四次会议于2019年10月26日通过，现予公布，自2020年1月1日起施行。

中华人民共和国主席　习近平

2019年10月26日

中华人民共和国密码法

（2019 年 10 月 26 日第十三届全国人民代表大会常务委员会第十四次会议通过）

目　　录

第一章　总　　则

第一条　为了规范密码应用和管理，促进密码事业发展，保障网络与信息安全，维护国家安全和社会公共利益，保护公民、法人和其他组织的合法权益，制定本法。

第二条 本法所称密码，是指采用特定变换的方法对信息等进行加密保护、安全认证的技术、产品和服务。

第三条 密码工作坚持总体国家安全观，遵循统一领导、分级负责，创新发展、服务大局，依法管理、保障安全的原则。

第四条 坚持中国共产党对密码工作的领导。中央密码工作领导机构对全国密码工作实行统一领导，制定国家密码工作重大方针政策，统筹协调国家密码重大事项和重要工作，推进国家密码法治建设。

第五条 国家密码管理部门负责管理全国的密码工作。县级以上地方各级密码管理部门负责管理本行政区域的密码工作。

国家机关和涉及密码工作的单位在其职责范围内负责本机关、本单位或者本系统的密码工作。

第六条 国家对密码实行分类管理。

密码分为核心密码、普通密码和商用密码。

第七条 核心密码、普通密码用于保护国家秘密信息，核心密码保护信息的最高密级为绝密级，普通密码保护信息的最高密级为机密级。

核心密码、普通密码属于国家秘密。密码管理部门依照本法和有关法律、行政法规、国家有关规定对核心密码、普通密码实行严格统一管理。

第八条 商用密码用于保护不属于国家秘密的信息。

公民、法人和其他组织可以依法使用商用密码保护网络与信息安全。

第九条 国家鼓励和支持密码科学技术研究和应用，依法保护密码领域的知识产权，促进密码科学技术进步和创新。

国家加强密码人才培养和队伍建设，对在密码工作中作出突出贡献的组织和个人，按照国家有关规定给予表彰和奖励。

第十条 国家采取多种形式加强密码安全教育，将密码安全教育纳入国民教育体系和公务员教育培训体系，增强公民、法人和其他组织的密码安全意识。

第十一条 县级以上人民政府应当将密码工作纳入本级国民经济和社会发展规划，所需经费列入本级财政预算。

第十二条 任何组织或者个人不得窃取他人加密保护的信息或者非法侵入他人的密码保障系统。

任何组织或者个人不得利用密码从事危害国家安全、社会公共利益、他人合法权益等违法犯罪活动。

第二章　核心密码、普通密码

第十三条　国家加强核心密码、普通密码的科学规划、管理和使用，加强制度建设，完善管理措施，增强密码安全保障能力。

第十四条　在有线、无线通信中传递的国家秘密信息，以及存储、处理国家秘密信息的信息系统，应当依照法律、行政法规和国家有关规定使用核心密码、普通密码进行加密保护、安全认证。

第十五条　从事核心密码、普通密码科研、生产、服务、检测、装备、使用和销毁等工作的机构（以下统称密码工作机构）应当按照法律、行政法规、国家有关规定以及核心密码、普通密码标准的要求，建立健全安全管理制度，采取严格的保密措施和保密责任制，确保核心密码、普通密码的安全。

第十六条　密码管理部门依法对密码工作机构的核心密码、普通密码工作进行指导、监督和检查，密码工作机构应当配合。

第十七条　密码管理部门根据工作需要会同有关部门建立核心密码、普通密码的安全监测预警、安全风险评估、信息通报、重大事项会商和应急处置等协作机制，确保核心密码、普通密码安全管理的协同联动和有序高效。

密码工作机构发现核心密码、普通密码泄密或者影响核心密码、普通密码安全的重大问题、风险隐患的，应当立即采取应对措施，并及时向保密行政管理部门、密码管理部门报告，由保密行政管理部门、密码管理部门会同有关部门组织开展调查、处置，并指导有关密码工作机构及时消除安全隐患。

第十八条 国家加强密码工作机构建设，保障其履行工作职责。

国家建立适应核心密码、普通密码工作需要的人员录用、选调、保密、考核、培训、待遇、奖惩、交流、退出等管理制度。

第十九条 密码管理部门因工作需要，按照国家有关规定，可以提请公安、交通运输、海关等部门对核心密码、普通密码有关物品和人员提供免检等便利，有关部门应当予以协助。

第二十条 密码管理部门和密码工作机构应当建立健全严格的监督和安全审查制度，对其工作人员遵守法律和纪律等情况进行监督，并依法采取必要措施，定期或者不定期组织开展安全审查。

第三章 商用密码

第二十一条 国家鼓励商用密码技术的研究开发、学术交流、成果转化和推广应用，健全统一、开放、竞争、有序的商用密码市场体系，鼓励和促进商用密码产业发展。

各级人民政府及其有关部门应当遵循非歧视原则，依法平等对待包括外商投资企业在内的商用密码科研、生产、销售、服务、进出口等单位（以下统称商用密码从业单位）。国家鼓励在外商投资过程中基于自愿原则和商业规则开展商用密码技术合作。行政机关及其工作人员不得利用行政手段强制转让商用密码技术。

商用密码的科研、生产、销售、服务和进出口，不得损害国家安全、社会公共利益或者他人合法权益。

第二十二条 国家建立和完善商用密码标准体系。

国务院标准化行政主管部门和国家密码管理部门依据各自职责，组织制定商用密码国家标准、行业标准。

国家支持社会团体、企业利用自主创新技术制定高于国家标准、行业标准相关技术要求的商用密码团体标准、企业标准。

第二十三条 国家推动参与商用密码国际标准化活动，参与制定商用密码国际标准，推进商用密码中国标准与国外标准之间的转化运用。

国家鼓励企业、社会团体和教育、科研机构等参与商用密码国际标准化活动。

第二十四条 商用密码从业单位开展商用密码活动，应当符合有关法律、行政法规、商用密码强制性国家标准以及该从业单位公开标准的技术要求。

国家鼓励商用密码从业单位采用商用密码推荐性国家标准、行业标准，提升商用密码的防护能力，维护用户的合法权益。

第二十五条 国家推进商用密码检测认证体系建设，制定商用密码检测认证技术规范、规则，鼓励商用密码从业单位自愿接受商用密码检测认证，提升市场竞争力。

商用密码检测、认证机构应当依法取得相关资质，并依照法律、行政法规的规定和商用密码检测认证技术规范、规则开展商用密码检测认证。

商用密码检测、认证机构应当对其在商用密码检测认证中所知悉的国家秘密和商业秘密承担保密义务。

第二十六条 涉及国家安全、国计民生、社会公共利益的商用密码产品，应当依法列入网络关键设备和网络安全专用产品目录，由具备资格的机构检测认证合格后，方可销售或者提供。商用密码产品检测认证适用《中华人民共和国网络安全法》的有关规定，避免重复检测认证。

商用密码服务使用网络关键设备和网络安全专用产品的，应当经商用密码认证机构对该商用密码服务认证合格。

第二十七条 法律、行政法规和国家有关规定要求使用商用密码进行保护的关键信息基础设施，其运营者应当使用商用密码进行保护，自行或者委托商用密码检测机构开展商用密码应用安全性评估。商用密码应用安全性评估应当与关键信息基础设施安全检测评估、网络安全等级测评制度相衔接，避免重复评估、测评。

关键信息基础设施的运营者采购涉及商用密码的网络产品和服务，可能影响国家安全的，应当按照《中华人民共和国网络安全法》的规定，通过国家网信部门会同国家密码管理部门等有关部门组织的国家安全审查。

第二十八条 国务院商务主管部门、国家密码管理部门依法对涉及国家安全、社会公共利益且具有加密保护功能的商用密码实施进口许可，对涉及国家安全、社会公共利益或者中国承担国际义务的商用密码实施出口管制。商用密码进口许可清单和出口管制清单由国务院商务主管部门会同国家密码管理部门和海关总署制定并公布。

大众消费类产品所采用的商用密码不实行进口许可和出口管制制度。

第二十九条　国家密码管理部门对采用商用密码技术从事电子政务电子认证服务的机构进行认定，会同有关部门负责政务活动中使用电子签名、数据电文的管理。

第三十条　商用密码领域的行业协会等组织依照法律、行政法规及其章程的规定，为商用密码从业单位提供信息、技术、培训等服务，引导和督促商用密码从业单位依法开展商用密码活动，加强行业自律，推动行业诚信建设，促进行业健康发展。

第三十一条　密码管理部门和有关部门建立日常监管和随机抽查相结合的商用密码事中事后监管制度，建立统一的商用密码监督管理信息平台，推进事中事后监管与社会信用体系相衔接，强化商用密码从业单位自律和社会监督。

密码管理部门和有关部门及其工作人员不得要求商用密码从业单位和商用密码检测、认证机构向其披露源代码等密码相关专有信息，并对其在履行职责中知悉的商业秘密和个人隐私严格保密，不得泄露或者非法向他人提供。

第四章 法律责任

第三十二条 违反本法第十二条规定，窃取他人加密保护的信息，非法侵入他人的密码保障系统，或者利用密码从事危害国家安全、社会公共利益、他人合法权益等违法活动的，由有关部门依照《中华人民共和国网络安全法》和其他有关法律、行政法规的规定追究法律责任。

第三十三条 违反本法第十四条规定，未按照要求使用核心密码、普通密码的，由密码管理部门责令改正或者停止违法行为，给予警告；情节严重的，由密码管理部门建议有关国家机关、单位对直接负责的主管人员和其他直接责任人员依法给予处分或者处理。

第三十四条 违反本法规定，发生核心密码、普通密码泄密案件的，由保密行政管理部门、密码管理部门建议有关国家机关、单位对直接负责的主管人员和其他直接责任人员依法给予处分或者处理。

违反本法第十七条第二款规定，发现核心密码、普通密码泄密或者影响核心密码、普通密码安全的重大问题、风险隐患，未立即采取应对措施，或者未及时报告的，由保密行政管理部门、密码管理部门建议有关国家机关、单位对直接负责的主管人员和其他直接责任人员依法给予处分或者处理。

第三十五条 商用密码检测、认证机构违反本法第二十五条第二款、第三款规定开展商用密码检测认证的，由市场监督管理部门会同密码管理部门责令改正或者停止违法行为，给予警告，没收违法所得；违法所得三十万元以上的，可以并处违法所得一倍以上三倍以下罚款；没有违法所得或者违法所得不足三十万元的，可以并处十万元以上三十万元以下罚款；情节严重的，依法吊销相关资质。

第三十六条 违反本法第二十六条规定，销售或者提供未经检测认证或者检测认证不合格的商用密码产品，或者提供未经认证或者认证不合格的商用密码服务的，由市场监督管理部门会同密码管理部门责令改正或者停止违法行为，给予警告，没收违法产品和违法所得；违法所得十万元以上的，可以并处违法所得一倍以上三倍以下罚款；没有违法所得或者违法所得不足十万元的，可以并处三万元以上十万元以下罚款。

第三十七条 关键信息基础设施的运营者违反本

法第二十七条第一款规定，未按照要求使用商用密码，或者未按照要求开展商用密码应用安全性评估的，由密码管理部门责令改正，给予警告；拒不改正或者导致危害网络安全等后果的，处十万元以上一百万元以下罚款，对直接负责的主管人员处一万元以上十万元以下罚款。

关键信息基础设施的运营者违反本法第二十七条第二款规定，使用未经安全审查或者安全审查未通过的产品或者服务的，由有关主管部门责令停止使用，处采购金额一倍以上十倍以下罚款；对直接负责的主管人员和其他直接责任人员处一万元以上十万元以下罚款。

第三十八条 违反本法第二十八条实施进口许可、出口管制的规定，进出口商用密码的，由国务院商务主管部门或者海关依法予以处罚。

第三十九条 违反本法第二十九条规定，未经认定从事电子政务电子认证服务的，由密码管理部门责令改正或者停止违法行为，给予警告，没收违法产品和违法所得；违法所得三十万元以上的，可以并处违法所得一倍以上三倍以下罚款；没有违法所得或者违法所得不足三十万元的，可以并处十万元以上三十万元以下罚款。

第四十条 密码管理部门和有关部门、单位的工作人员在密码工作中滥用职权、玩忽职守、徇私舞弊，或者泄露、非法向他人提供在履行职责中知悉的商业秘密和个人隐私的，依法给予处分。

第四十一条 违反本法规定，构成犯罪的，依法追究刑事责任；给他人造成损害的，依法承担民事责任。

第五章　附　则

第四十二条 国家密码管理部门依照法律、行政法规的规定，制定密码管理规章。

第四十三条 中国人民解放军和中国人民武装警察部队的密码工作管理办法，由中央军事委员会根据本法制定。

第四十四条 本法自 2020 年 1 月 1 日起施行。

关于《中华人民共和国密码法（草案）》的说明

——2019年6月25日在第十三届全国人民代表大会常务委员会第十一次会议上

国家密码管理局局长　李兆宗

委员长、各位副委员长、秘书长、各位委员：

我受国务院委托，现对《中华人民共和国密码法（草案）》作说明。

一、立法的必要性

密码工作是党和国家的一项特殊重要工作，直接关系国家安全，密码在我国革命、建设、改革各个历史时期，都发挥了不可替代的重要作用。进入新时代，密码工作面临着许多新的机遇和挑战，担负着更加繁重的保障和管理任务，制定一部密码领域综合性、基础性法律，十分必要。一是核心密码和普通密码维护国家安全方面的基本制度、密码管理部门和密码工作机构及其工作人员开展核心密码和普通密码工作的保障措施等，需要通过国家立法予以明确，进一步提升法治化保障水平。二是近年来密码在维护国家安全、促进经济社会发展、保护人民群众利益方面发挥越来越重要的作用，国家对重要领域商用密码的应用、基础支撑能力的提升以及安全性评估、审查制度等不断提出明确要求，需要及时上升为法律规范。三是传统对商用密码实行全环节许可管理的手段已不适应职能转变和“放管服”改革要求，亟需在立法层面重塑现行商用密码管理制度。全国人大常委会和国务院将制定密码法列入了立法工作计划。

2017年4月至5月，国家密码管理局将《中华人民共和国密码法（草案征求意见稿）》向社会公开征求了意见，并于2017年6月向国务院报送了《中华人民共和国密码法（草案送审稿）》（以下简称送审稿）。收到此件后，司法部广泛征求了各地各部门意见，会同国家密码管理局对送审稿作了研究修改，并反复与中央网信办、工业和信息化部、商务部等单位沟通协调，形成了目前的《中华人民共和国密码法（草案）》（以下简称草案）。草案已于2019年6月10日经国务院常务会议讨论通过。

二、立法的总体思路

一是明确对核心密码、普通密码与商用密码实行分类管理的原则。草案在核心密码、普通密码方面，深入贯彻总体国家安全观，将现行有效的基本制度、特殊管理政策及保障措施法治化；在商用密码方面，充分体现职能转变和“放管服”改革要求，明确公民、法人和其他组织均可依法使用。

二是注重把握职能转变和“放管服”需要与保障国家安全的平衡。草案在明确鼓励商用密码产业发展、突出标准引领作用的基础上，对涉及国家安全、国计民生、社会公共利益，列入网络关键设备和网络安全专用产品目录的产品，以及关键信息基础设施的运营者和国家机关采购、使用的部分，规定了适度的管制措施。

三是注意处理好草案与网络安全法、保守国家秘密法等有关法律的关系。密码是保障网络安全的核心技术和基础支撑，草案在商用密码管理和相应法律责任设定方面与网络安全法的有关制度，如强制检测认证、安全性评估、国家安全审查等作了衔接；同时，鉴于核心密码、普通密码属于国家秘密，草案在核心密码、普通密码的管理方面与保守国家秘密法作了衔接。

三、草案的主要内容

草案共五章四十四条，主要内容如下：

（一）关于密码工作的领导和管理体制

草案明确：坚持中国共产党对密码工作的领导；

中央密码工作领导机构对全国密码工作实行统一领导，制定国家密码重大方针政策，统筹协调国家密码重大事项和重要工作，推进国家密码法治建设。国家密码管理部门负责管理全国的密码工作；县级以上地方各级密码管理部门负责管理本行政区域的密码工作；国家机关和涉及密码的单位在其职责范围内负责本机关、本单位或者本系统的密码工作。

（二）关于密码的分类管理原则

草案明确规定密码分为核心密码、普通密码和商用密码，实行分类管理。提出了密码分类保护的原则要求：核心密码、普通密码用于保护国家秘密信息，核心密码保护信息的最高密级为绝密级，普通密码保护信息的最高密级为机密级；核心密码、普通密码属于国家秘密，由密码管理部门依法实行严格统一管理。商用密码用于保护不属于国家秘密的信息；公民、法人和其他组织均可依法使用商用密码保护网络与信息安全。

（三）关于密码发展促进和保障措施

草案总则对核心密码、普通密码和商用密码在发展促进和保障措施方面的共性内容作了规定：一是规定国家鼓励和支持密码科学技术研究、交流，依法保护密码知识产权，促进密码科学技术进步和创新，建立密码工作表彰奖励制度；二是规定国家加强密码宣传教育；三是规定县级以上人民政府应当将密码工作纳入本级国民经济和社会发展规划，所需经费列入本级预算；四是规定任何组织或者个人不得窃取或者非法侵入他人的加密信息或者密码保障系统，不得利用密码从事违法犯罪活动。

（四）关于核心密码、普通密码

为了确保核心密码、普通密码安全，增强密码通信服务和网络空间密码保障能力，草案第二章规定了核心密码、普通密码的主要管理制度：一是明确传递、存储、处理国家秘密信息时的核心密码、普通密码使用要求；二是规定密码工作机构应当依法建立健全安全管理制度，采取严格的保密措施；三是规定密码管理部门依法对核心密码、普通密码工作进行指导、监督和检查，会同有关部门建立核心密码、普通密码安全协同联动机制，明确了相关案事件处置程序；四是规定国家加强密码工作机构和核心密码、普通密码人才队伍建设；五是明确了核心密码、普通密码有关物品和人员享有免检等便利；六是规定了密码管理部门、密码工作机构对其工作人员的监督和安全审查机制。

（五）关于商用密码

为了贯彻落实职能转变和“放管服”改革要求，

规范和促进商用密码产业发展，草案第三章规定了商用密码的主要制度：一是规定国家鼓励商用密码技术的研究开发和应用，健全商用密码市场体系，鼓励和促进商用密码产业发展；二是规定了商用密码标准化制度；三是建立了商用密码检测认证制度，并鼓励从业单位自愿接受商用密码检测认证；四是对列入网络关键设备和网络安全专用产品目录的商用密码产品、用于网络关键设备和网络安全专用产品的商用密码服务实行强制性检测认证；五是规定关键信息基础设施应当依法使用商用密码、开展安全性评估及国家安全审查；六是对特定范围的商用密码实行进口许可和出口管制制度；七是规定了电子政务电子认证服务管理制度；八是支持商用密码行业协会积极发挥作用，加强行业自律，促进行业健康发展；九是规定了密码管理部门和有关部门建立商用密码事中事后监管制度。

此外，草案规定了相应的法律责任。

草案和以上说明是否妥当，请审议。